LOS ATENTADOS DEL 11-S

El trauma de toda una nación

Por Quentin Convard
En colaboración con Etienne Lock
Traducido por Marina Martín Serra

Historia · en50MINUTOS.es

LOS ATENTADOS DEL 11 DE SEPTIEMBRE DE 2001

- **¿Cuándo?** El 11 de septiembre de 2001
- **¿Dónde?** En los Estados Unidos
- **¿Principales protagonistas?**
  - George W. Bush, hombre de Estado estadounidense (nacido en 1946)
  - Osama bin Laden, yihadista de origen saudí (1957-2011)
  - Khaled Sheikh Mohammed, jefe militar de Al Qaeda (nacido en 1965)
- **¿Repercusiones?**
  - La guerra contra Afganistán
  - La persecución de Osama bin Laden
  - El Patriot Act
- **¿Víctimas?** 2976 muertos

El 11 de septiembre de 2001, el mundo entero descubre horrorizado una serie de atentados perpetrados en territorio estadounidense. Ese martes por la mañana, cuando nada lo auguraba, 19 terroristas repartidos en cuatro aviones hacen estrellar los aparatos, de forma casi simultánea, contra el World Trade Center, contra el Pentágono y contra un campo en Shanksville (Pensilvania). Dos horas después, las torres gemelas se hunden, llevándose consigo a dos otros inmuebles cercanos que no recibieron el impacto de los aviones. El balance oficial habla de 2976 víctimas y 19 kamikazes.

No es la primera vez que los estadounidenses se sienten sobrepasados por un enemigo extranjero: el ataque de

Pearl Harbor perpetrado por los japoneses en 1941 o el lanzamiento del primer Sputnik por parte de los soviéticos en 1957 debilitaron ya la hegemonía estadounidense y la imagen del país. Sin embargo, el 11 de septiembre de 2001 marca el primer ataque enemigo en el territorio americano. En tan solo 20 minutos, los Estados Unidos entran de lleno en el siglo XXI.

CONTEXTO

UNA ELECCIÓN CUESTIONADA

Cuando los Estados Unidos sufren el ataque de Al Qaeda el 11 de septiembre de 2001, George Bush gobierna desde hace pocos meses y su elección contra el demócrata Al Gore (nacido en 1948), antiguo vicepresidente de Bill Clinton (nacido en 1946), constituye una verdadera telenovela con giros inesperados. En noviembre de 2000, el día después de las elecciones, George Bush parece ganar con una ventaja ridícula en Florida (500 votos de los 5,9 millones). Pero, rápidamente, el candidato demócrata señala las numerosas irregularidades que tienen lugar durante el escrutinio. A continuación se desata una controversia jurídica y política con el objetivo de designar al vencedor y próximo presidente de los Estados Unidos.

35 días después de las elecciones, cinco jueces de la Corte Suprema de los Estados Unidos, nombrados por George Herbert Walker Bush (nacido en 1924) y Ronald Reagan (1911-2004), se pronuncian a favor del candidato republicano. George W. Bush sucede así a Bill Clinton gracias a los votos de 271 grandes electores, contra los 267 de Al Gore. La población mantiene la calma ante tantas dudas, pero esta elección ilustra las debilidades del sistema democrático americano. Durante las deliberaciones, la tensión era palpable tanto en los candidatos como en sus consejeros más próximos, y la llegada del antiguo gobernador de Texas a la Casa Blanca no se produce sin fricciones. Además, los republicanos tienen mayoría en el Senado por un solo

voto. Por consiguiente, George Bush se encuentra ante un dilema: ¿tiene que actuar para unir a una nación dividida o para afirmar el poder republicano? Los atentados del 11 de septiembre no le dejarán tiempo para reflexionar acerca de esta pregunta y tendrán una gran influencia en su política.

LA GUERRA CONTRA EL TERRORISMO

Aunque los atentados del 11 de septiembre de 2001 sorprenden por su crueldad, por el hecho de que se producen en territorio estadounidense y por su carácter espectacular, el terrorismo islamista no es una novedad para los servicios de inteligencia americanos. El tema ya había sido uno de los mayores desafíos de la elección presidencial de 1996 puesto que, con su reelección, Bill Clinton le confiere más importancia a la lucha contra el terrorismo que cualquiera de sus predecesores, en especial mediante dos leyes: el *Antiterrorism and Effective Death Penalty Act* y el *Illegal Immigration and Migrant's Responsability Act*. Aunque los efectivos de la CIA disminuyen a partir de 1993, el *Counterterrorism Center* duplica su personal, algo que contribuye a frustrar varios atentados.

Es cierto que los años noventa estuvieron marcados por numerosas agresiones terroristas, como el atentado cometido contra el World Trade Center, en 1993, o los que se produjeron contra las torres Khobar (Arabia Saudí), donde se alojaban militares estadounidenses, en 1998. Los Estados Unidos, que acaban de salir vencedores de la Guerra Fría (1945-1990), se muestran temerosos ante un mundo islamista que conocen muy poco y ante la llegada a la escena internacional de nuevas potencias susceptibles de poner en tela de juicio su supremacía. Así, las pruebas atómicas que la India y Pakistán realizan en 1998 constituyen un fracaso de la política internacional de no proliferación de las armas nucleares, una política importante para los Estados Unidos. En agosto del mismo año, se producen ataques en las embajadas de los Estados Unidos en Kenia y en Tanzania, dejando un balance de más de 300 muertos y 4000 heridos. Estos ataques terroristas se hacen eco del que tiene como objetivo el World Trade Center, en 1993, y de los perpetrados contra las tropas americanas basadas en Arabia Saudí, en noviembre de 1995 y en junio de 1996.

EL ATENTADO DEL WORLD TRADE CENTER DE 1993

El 26 de febrero de 1993, un coche bomba explota en el sótano de la torre 1 del World Trade Center. El objetivo de Al Qaeda era hacer que la torre norte se tambalease, y que con este movimiento tumbase a la torre sur y matase a miles de civiles. Aunque la operación fracasa, causa 6 muertos y varios cientos de heridos. El cerebro de la operación es Ramzi Youssef (nacido en 1967), que huye hacia Pakistán pocas horas después del atentado. Khaled Sheikh Mohammed, que financia el atentado, se encuentra también entre las personas implicadas en los atentados del 11-S.

Tras estos trágicos acontecimientos, los Estados Unidos se conciencian progresivamente sobre el hecho de que su política y su ideología son criticadas y son el objetivo de algunos medios islamistas, entre los que destacan el grupo Al Qaeda y su mentor, Osama bin Laden.

LA AMENAZA BIN LADEN

Aunque la mayoría de los ciudadanos estadounidenses ven el rostro de Osama Bin Laden por primera vez con los atentados del 11-S, la CIA y el FBI ya hacía años que situaban al millonario entre sus prioridades, en concreto desde la segunda mitad de los años noventa.

Desde la primera guerra de Irak (1990-1991), Osama bin Laden le guarda mucho rencor al ejército estadounidense, que busca proteger a Arabia Saudí de las tropas iraquíes. Mientras que el terrorista, que financió la Revolución afgana, está convencido de poder combatir contra los hombres de Sadam Hussein (1937-2006) que amenazan al país, Riad (capital de Arabia Saudí) prefiere recurrir a los Estados Unidos. Entonces, se envía a Arabia Saudí una delegación de expertos americanos bajo el liderazgo de Dick Cheney (hombre político estadounidense, nacido en 1941), para convencer al rey Fahd bin Abdulaziz Al Saúd (1921-2005) de dejarles ocuparse de Sadam Hussein. Los soldados estadounidenses, que Bin Laden y una parte de la población ven como «infieles», pisan entonces la tierra sagrada en la que nació el profeta Mahoma. Bin Laden, que cada vez es más popular, no puede tolerar esta afrenta, y dirige una primera amenaza a los Estados Unidos en 1996, invitando a los musulmanes a atacar y a perjudicar a los estadounidenses y a sus intereses donde se les presente la ocasión; luego reiterará estas amenazas en varias ocasiones.

Desde 1995, la CIA somete a una vigilancia particular a Osama bin Laden, que se encuentra en Sudán. Los diplomáticos y los servicios secretos de los Estados Unidos, como respuesta a las amenazas del terrorista saudí, presionan al gobierno sudanés para que les entregue a Bin Laden. Entonces, este último se exilia en Afganistán, país que los talibanes acaban de conquistar.

Con la llegada de Osama bin Laden y frente al extremismo de los talibanes, sus abusos y su complicidad con Al Qaeda, Bill Clinton se ve obligado a ordenar ataques aéreos el 20 de agosto de 1998. El presidente estadounidense, a través de la diplomacia y de los servicios secretos, intenta en vano acabar con el terrorista y con su red. La situación no mejora y, en octubre de 2000, Al Qaeda organiza un atentado contra el destructor USS Cole, anclado en el puerto de Adén en Yemen, que acaba con la vida de 17 marines estadounidenses.

EL 9 de septiembre de 2001, Osama bin Laden decide acabar con uno de sus enemigos, el comandante Masud (comandante del Frente Islámico Nacional Unido para la Salvación de Afganistán, 1953-2001), que se ocupa de llamar la atención continuamente a la comunidad internacional sobre el peligro que el terrorista representa. Para terminar con esta amenaza, dos falsos periodistas con pasaportes belgas se acercan a él, bajo el pretexto de hacerle una entrevista. Entonces, detonan la bomba oculta dentro de su cámara, que mata al comandante Masud. Hoy en día, se ha establecido el vínculo entre este acontecimiento y los atentados del 11-S.

LOS ERRORES DE LA ADMINISTRACIÓN ESTADOUNIDENSE

La administración estadounidense comete algunos errores en su lucha antiterrorista. Durante la presidencia de Bill Clinton (1993-2001), el Departamento del Tesoro se opone a una operación que tiene como objetivo quitarle millones de dólares a Al Qaeda, ya que la medida iba contra las reglas del mercado. Además, los consejeros de Bill Clinton y de George W. Bush, convencidos de que los principales peligros venían de Rusia, de China o de Estados «canallas» (que no respetan el derecho internacional), fueron advertidos por organismos de inteligencia extranjeros de la presencia de Al Qaeda en el territorio estadounidense, y de que la organización estaba preparada para dar un golpe. Aunque saben que sobre todo sus instalaciones en el extranjero son las que corren peligro, se muestran demasiado confiados frente a la posibilidad de una amenaza interna. Así, poco antes de los atentados del 11 de septiembre, a un agente del FBI se le deniega la solicitud de orden de registro del ordenador de Zacarias Moussaoui (nacido en 1968), un alumno piloto con un comportamiento considerado sospechoso.

BIOGRAFÍAS

GEORGE W. BUSH, HOMBRE DE ESTADO ESTADOUNIDENSE

George Walker Bush es el 43.º presidente de los Estados Unidos y el hijo del 41.º presidente, George Herbert Walker Bush. Obtiene el título de Historia del Arte en la Universidad de Yale y forma parte de una hermandad estudiantil elitista secreta, los Skull and Bones. Evita voluntariamente la guerra del Vietnam (1955-1975) integrando la guardia nacional de Colorado en 1968, donde se convierte en piloto. A continuación, entra en la prestigiosa Harvard Business School, en la que obtiene un MBA en 1975, emprende una carrera en la industria petrolífera, e integra de 1983 a 1992 el directorio de una sociedad de producción cinematográfica.

¿SABÍAS QUE...?

Skull and Bones es el nombre que recibe una sociedad elitista secreta de la universidad de Yale. Creada alrededor de 1830 por el hombre de negocios William Huntington Russell (1809-1885), esta hermandad cuenta cada año con una promoción de 15 estudiantes con un futuro prometedor. Efectivamente, el 27.º presidente de los Estados Unidos, William Taft (1857-1930), el eminente consejero de John Fitzgerald Kennedy, McGeorge Bundy (1919-1996), o incluso el hombre político John Kerry (nacido en 1943) fueron todos miembros de la sociedad secreta. A pesar de la popularidad de sus miembros, se desconocen muchas cosas sobre esta hermandad, pero parece que desempeña un importante papel en los círculos de decisión (política, economía, prensa, etc.).

Hasta los 40 años, George Bush lidia con el alcohol y consigue enfrentarse al problema recuperando su fe cristiana en la iglesia evangelista, convirtiéndose en lo que normalmente se conoce como un *Christian Born again* (literalmente, «cristiano que ha vuelto a nacer»).

Aunque nace en New Haven, en el estado de Connecticut, George Bush es un hombre de otro estado: Texas. En 1989 compra con algunas personas próximas el equipo de béisbol local, los Rangers, y luego en 1995 se convierte en gobernador del estado, derrotando a la popular demócrata Ann Richards (1933-2006), y en 1998 es reelegido con un 69% de los votos.

En 2000, derrota al demócrata Al Gore en las elecciones presidenciales y sigue los pasos de su ilustre padre, al que no deja de hacer referencia, buscando evitar cometer sus errores y superarlo en sus triunfos. Poco después de su investidura, los acontecimientos del 11 de septiembre de 2001 condicionan su política, marcada principalmente por la guerra de Irak y la lucha internacional contra el terrorismo. Es reelegido en 2004 derrotando al senador John Kerry (nacido en 1943), pero al final de su mandato solamente cuenta con un 33% de apoyo, lo que equivale a uno de los porcentajes más débiles de los presidentes de la era moderna.

Al final de su mandato en 2008, George Bush se retira a su

rancho en Texas para consagrarse a la pintura. Igualmente, escribe sus memorias en 2010, *Decision Points*, en las que reconoce que permitió que la CIA torturara a Khaled Sheikh Mohammed.

OSAMA BIN LADEN, YIJADISTA DE ORIGEN SAUDÍ

Nacido en Riad en una rica familia saudí, Osama bin Laden es el jefe espiritual de la red yihadista Al Qaeda. De 1974 a 1978, cursa estudios comerciales y técnicos en la Universidad Rey Abdul Aziz de Yeda y entra en el grupo familiar especializado en obras públicas en los años setenta. En este momento, estudia los principales textos del wahabismo.

EL WAHABISMO

El wahabismo es un movimiento político y religioso que aparece en el siglo XVIII de la mano de Muhammad ibn Abd al Wahhab (1703-1792). Procedente del islam, preconiza una lectura literal del Corán y combate todas las otras interpretaciones, que considera heréticas.

A continuación, participa en la guerra contra los soviéticos en Afganistán. En este contexto, el príncipe Turki al Faycal (nacido en 1945) le confía la dura misión de organizar la partida de los voluntarios hacia Afganistán. El joven saudí asegura entonces la formación militar e ideológica de los combatientes, y a continuación se ocupa de las viudas y de la educación de los niños de los muyahidines muertos en combate. Poco a poco va ascendiendo, trabaja su red de contactos y se convierte en una importante figura para los yihadistas, hasta que las tropas soviéticas se retiran del país en febrero de 1989. Sin embargo, en Afganistán, su organización no es la única de este tipo. Además, una parte de la población se muestra desconfiada ante la llegada de muyahidines radicales a su país, como es el caso del comandante Masud, que rechaza cualquier tipo de alianza con Osama bin Laden.

Cuando regresa a Arabia Saudí, el joven Bin Laden es visto como un héroe. Poco a poco, es cada vez más crítico con la familia real, sobre todo durante la guerra del Golfo (1990-1991), en la que esta habría aceptado abrir el territorio al ejército estadounidense. En mayo de 1991, decide dejar Arabia Saudí y viaja por negocios a Jartum, en Sudán, donde se quedará entre 1992 y 1996. En 1994, sus allegados, que se mantienen próximos a la familia real, le cortan el suministro de víveres y lo repudian; al mismo tiempo, pierde su nacionalidad.

En 1996 y 1998, Bin Laden hace un llamamiento a la comunidad musulmana, con el objetivo de atacar los intereses americanos en todas partes del mundo. Se convierte en enemigo oficial de los Estados Unidos, por lo que es expulsado de Sudán y se refugia en Afganistán, que está bajo control talibán desde 1996. Tras los atentados con bomba perpetrados contra las embajadas estadounidenses de Nairobi (Kenia) y de Dar as Salam (Tanzania) en agosto de 1998, los Estados Unidos lo consideran responsable de estas acciones y el gobierno libio emite una orden de detención internacional contra el terrorista, que luego también emiten el gobierno estadounidense y el español. Incluso se le pone un precio a su cabeza, de 5 millones de dólares.

Tras los ataques del 11 de septiembre, la caza de Osama bin Laden cobra nuevas dimensiones. Sin embargo, el hombre se hace todavía más discreto y solamente difunde vídeos esporádicamente, en los que amenaza al mundo occidental.

Finalmente, la noche del 2 de mayo de 2011, un comando estadounidense encuentra y abate a Osama bin Laden en su residencia fortificada situada en Abbottabad (Pakistán). Durante el enfrentamiento, habrían muerto 4 personas más. A continuación, las Fuerzas Especiales de los Estados Unidos lanzan su cuerpo al mar para que no pueda ser objeto de culto.

KHALED SHEIKH MOHAMMED, JEFE MILITAR DE AL QAEDA

Se desconocen muchos detalles sobre la juventud del que fue jefe militar del departamento de operaciones exteriores de Al Qaeda. Khaled Sheikh Mohammed habría nacido en Kuwait o en Pakistán y habría obtenido el título de ingeniero mecánico en una universidad de Carolina del Norte. A continuación, combate contra las tropas soviéticas en Pakistán y en Afganistán hasta 1992.

Ayudado por su sobrino Ramzi Yousef, planifica los atentados contra el World Trade Center de 1993. Tres años después, conoce a Osama bin Laden y se une a Al Qaeda. Es detenido el 28 de febrero de 2003 en Rawalpindi (Pakistán) gracias al trabajo de la CIA y de la policía pakistaní. A continuación, es interrogado y, bajo tortura, reconoce ser el cerebro y el responsable del operativo de los ataques, así como el instigador de muchas otras misiones contra los Estados Unidos. No obstante, el método utilizado para obtener estas declaraciones hace que hoy en día sean cuestionadas.

A continuación, se convierte en uno de los «prisioneros fantasma» de la CIA, detenidos encarcelados de forma anónima en las cárceles secretas que se encuentran fuera del territorio estadounidense. Después, en 2006, Khaled Sheikh Mohammed es trasladado a Guantánamo, donde su proceso continúa desde 2008.

LOS ATENTADOS DEL 11-S

LAS TORRES GEMELAS

EL WORLD TRADE CENTER

Inaugurado el 4 de abril de 1973, el World Trade Center es un complejo que alberga siete edificios de negocios en el sur de Manhattan. La edificación, diseñada por el arquitecto Minoru Yamasaki (1912-1986), comprende dos torres idénticas, las Twin Towers (torres gemelas), que tienen 110 plantas, y que rápidamente se convierten en uno de los símbolos de Nueva York. Después de los atentados del 11 de septiembre de 2001, el sitio es rebautizado con el nombre de «Zona Cero» o «World Trade Center site». Hoy en día, contiene un museo, un memorial y cinco nuevos edificios.

El martes 11 de septiembre de 2001, a las 7:59 h, el vuelo 11 de American Airlines (AA 11) despega del aeropuerto Logan de Boston con destino a Los Ángeles. A bordo viajan 81 pasajeros y 11 miembros de la tripulación que no sospechan para nada que, 15 minutos después, cinco terroristas bajo el mando de Mohammed Atta (1968-2011), coordinador de los atentados, secuestrarán al Boeing 767 para hacerlo chocar, a una velocidad estimada de 713 km/h, contra la fachada de la torre norte del World Trade Center. Según la investigación, los atacantes habrían utilizado gas lacrimógeno para mantener alejados a los pasajeros y crear un estado de confusión y de pánico constante.

Los secuestradores aéreos desconectan el transpondedor a las 8:21 h. El centro de Boston se da cuenta entonces de que se trata de un secuestro y, a las 8:38 h, contacta con el Sector Nordeste de la *Defensa Aérea* (NEADS). Menos de diez minutos después, este último hace despegar cazas encargados de rescatar al Boeing. Sin embargo, ya es demasiado tarde: cuando los cazas despegan, el avión ya choca con la primera torre del World Trade Center. Los testigos del drama primero consideran que se trata de un accidente incomprensible.

El choque del avión afecta a cinco plantas de la torre (de la 93.ª hasta la 97.ª). Allí, se encuentran las oficinas de la compañía de ayuda a las empresas Marsh & McLennan, que pierde a 295 de sus empleados a causa del impacto. El banco Cantor Fitzgerald, situado entre el 101.º y 105.º piso, pierde a 660 de sus empleados.

A las 8:14 h, el vuelo 175 de United Airlines (UA 175), que también sale de Boston en dirección a Los Ángeles, despega con 56 pasajeros y 9 miembros de la tripulación a bordo. Tras media hora de vuelo, cinco secuestradores aéreos toman el control del aparato por la fuerza, para hacerlo chocar contra el lado sur de la torre sur del World Trade Center. A las 9:03 h, el Boeing 747 se estrella contra la segunda torre, entre el piso 78.º y 83.º, a una velocidad estimada de 872 km/h. Las alas estallan contra las fachadas de las torres y liberan keroseno, que provoca la aparición de inmensas bolas de fuego. Rápidamente, se declara un importante incendio en ambas estructuras, a causa de los cortocircuitos eléctricos provocados por el choque.

Las torres del World Trade Center azotadas por los atentados del 11-S.

Los periodistas, llegados en masa para cubrir la catástrofe, filman en directo el segundo impacto. En este momento, los Estados Unidos comprenden que no se trata de un dramático accidente: les están atacando.

A las 9:58 h, la torre sur se derrumba, bajo sorpresa general: los edificios habían sido concebidos para resistir a la colisión de un avión a toda velocidad y a la combustión que podría provocar. A las 10:28 h, el rascacielos norte se desploma a su vez, arrastrando con su caída al Marriott World Trade Center, un hotel situado al pie de las torres gemelas. Las dos construcciones se derrumban a una velocidad parecida a la caída libre, lo que explica la ausencia de resistencia de las estructuras portantes centrales. Aunque el desprendimiento de los suelos o la fundición del acero normalmente se utilizan para explicar este fenómeno, la razón exacta de la caída de las torres todavía hoy sigue siendo incierta y es objeto de controversia.

Hundimiento de las dos torres.

La onda expansiva destruye los cristales de los inmuebles situados en un radio de 130 metros alrededor del lugar de los hechos, y una gigantesca nube de polvo invade el sur de Manhattan, llegando incluso hasta Brooklyn, al otro lado del East River. Con los impactos, murieron al acto alrededor de 1355 personas en el WTC1 y 620 en el WTC2. Casi todos los que se encontraban en los pisos inferiores a los afectados por el impacto de los aviones pudieron ser evacuados antes del derrumbe, gracias a las 200 unidades de bomberos movilizadas.

Un cuarto edificio que se encontraba cerca del lugar de los hechos, el WTC7, que albergaba las oficinas de los servicios secretos y miles de archivos relacionados con investigaciones sobre Wall Street, se desploma también, a las 17:25 h. Aunque no recibe el impacto de ningún avión, sufre un grave incendio a causa de los impactos recibidos con la explosión de las torres gemelas.

Aunque muchos observadores culpan a la defensa aérea estadounidense por su ineficacia al no percatarse de que un segundo vuelo había sido secuestrado hasta después del primer choque, no se le puede imputar el error directamente: el 11 de septiembre tenía lugar un importante ejercicio militar que afectaba considerablemente a la organización y la comunicación entre los centros de defensa aérea. Efectivamente, ese día el NEADS solamente disponía de cuatro cazas para defender toda la zona noreste del país, dos en Massachusetts y dos en Virginia.

George Bush se entera de la noticia mientras está visitando una clase de lectura en un colegio de primaria de Florida.

Un vídeo muestra su reacción: durante algunos minutos, atónito, sigue participando a la clase de los niños, sin saber cómo reaccionar. A continuación, improvisa un discurso ante los alumnos y los profesores en la biblioteca del colegio. No llegará a la Casa Blanca hasta el final de la tarde y, a las 20:30 h, se dirige a sus conciudadanos desde el Despacho Oval. Sin embargo, ese día, el papel de héroe de la nación lo desempeña el alcalde de Nueva York, Rudolph Giuliani (nacido en 1944): llega rápidamente al lugar de los hechos, organiza eficazmente la ayuda y ordena la evacuación del sur de Manhattan y el cierre de los puentes que unen la isla con el continente. Recibirá el sobrenombre de «alcalde de América» y la revista Time lo elegirá hombre del año, por su actuación y su gestión de los acontecimientos durante la tragedia.

EL PENTÁGONO

A las 8:20 h, el vuelo 77 American Airlines sale del aeropuerto de Washington-Dulles, en Virginia, con destino a Los Ángeles. El avión es secuestrado a las 8:54 h, según las estimaciones del informe oficial, por cinco terroristas saudíes que hacen estrellar el Boeing 757 en el ala occidental del Pentágono a las 9:37 h, después de haber efectuado un giro de 330°. El transpondedor se desconecta a las 8:56 h, y American Airlines comprende que se trata de un nuevo secuestro. La administración de la Aviación Civil (FAA) avisa al NEADS de que han perdido el rastro del vuelo 77 a las 9:34 h, de nuevo en vano.

Ataque contra el Pentágono.

El ala contra la que el Boeing se estrella había sido reforzada, tan solo algunas semanas antes, por un recubrimiento de Kevlar y por postes de acero. Sin embargo, el ataque destruye varias columnas de soporte, lo que explica el hundimiento de las plantas superiores, media hora después. A continuación, se declara un incendio. Finalmente, los atentados en el Pentágono se cobrarán la vida de 189 personas, entre las que se encuentran los 58 pasajeros del vuelo.

SHANKSVILLE

El vuelo 93, que desde la tragedia recibe el nombre del de «la revuelta de los pasajeros», conecta Newark (Nueva Jersey) con San Francisco, y despega a las 8:42 h. Los terroristas, aparentemente armados con cúteres, se apoderan del aparato y desconectan el transpondedor alrededor de las

9:28 h.

Según la comisión de investigación, los pasajeros sabían que se habían cometido una serie de atentados contra el World Trade Center y, creyendo que sufrirían el mismo destino, prefirieron rebelarse contra los terroristas: habrían hecho estallar el avión voluntariamente, sin llegar al objetivo previsto, para que los terroristas no retomaran el control del aparato. Khaled Sheikh Mohammed declarará en sus interrogatorios que el objetivo era el Capitolio. El avión de pasajeros, que termina estrellándose contra un campo en Shanksville, al sur de Pittsburgh, no causa más muertes que las de las personas que viajaban a bordo del Boeing: 33 pasajeros, 5 auxiliares de vuelo, 2 pilotos y 4 terroristas.

Las circunstancias de la revuelta siguen siendo confusas, pero gracias a las llamadas telefónicas de los pasajeros, sabemos que uno de ellos, Todd Beamer (1968-2011), habría lanzado el contrataque al grito de «Let's roll» («Vamos»), que se ha hecho famoso.

UN DESASTRE HUMANO

El balance humano de los atentados es trágico:

- en el World Trade Center perecieron 2753 personas, entre ellas 343 bomberos, 23 agentes de policía del NYPD, 37 agentes de la policía portuaria, 127 pasajeros, 20 miembros de la tripulación y 10 kamikazes;
- en el Pentágono hubo 189 víctimas mortales, entre ellas 70 civiles, 55 militares, 53 pasajeros, 6 miembros de la tripulación y 5 terroristas;

- en Shanksville murieron 44 personas, entre ellas 33 pasajeros, 7 miembros de la tripulación y 4 terroristas.

Trece años después, la tragedia del World Trade Center continúa provocando víctimas: muchos bomberos y personal de socorro sufren todavía hoy cánceres relacionados con los productos tóxicos y con el humo inhalado después del atentado.

Un bombero pide refuerzos mientras trabaja en los escombros del World Trade Center, cuatro días después del ataque.

No obstante, ese día, algunas personas pudieron ser rescatadas, como en el caso de Will Jimeno y de John McLoughlin, agentes del Port Authority Police Department. Veinte horas después de la caída de las dos torres, se encuentra milagrosamente con vida a Genelle Guzman-McMillan entre los escombros de la torre norte. Es la última persona que se encuentra con vida entre las ruinas. Se estima que se pudieron salvar cerca del 90% de los trabajadores que se encontraban en los rascacielos en el momento de la tragedia.

En total, se derrumbaron parcial o totalmente ocho inmuebles: las torres gemelas, el Marriott World Trade Center, el WTC 4, el WTC 5, el WTC 6, el WTC 7 y la iglesia ortodoxa griega San Nicolás. Asimismo, 48 inmuebles cercanos al lugar de los hechos resultaron dañados.

Las cajas negras de los aparatos que chocaron contra las torres no se pudieron encontrar, pero sí que se recuperaron las de los aviones de los ataques al Pentágono y de Shanksville.

REPERCUSIONES

UN GIRO EN LA POLÍTICA ESTADOUNIDENSE

Aunque el país parece paralizado tras las primeras horas que siguen al accidente, el choque rápidamente da paso al duelo y al deseo de justicia. A partir de ese momento, el presidente se presenta como el dirigente de un país devastado, al que tiene que guiar en su sed de justicia.

Mientras que los primeros meses de su mandato habían sido laboriosos, no solamente debido a las polémicas que surgieron con su elección sino también a causa de un Congreso muy crítico con él, el 11-S cambia esta situación por completo. A partir de entonces, el presidente tiene que conferirle más importancia a la política exterior en sus discursos de campaña, mientras que el equilibrio de su equipo se tambalea por completo. Los moderados como Colin Powell (nacido en 1937) y Condoleezza Rice (nacida en 1954) ven reducida su influencia frente a los nacionalistas neoconservadores, como el vicepresidente Dick Cheney (nacido en 1941) y el secretario de Defensa, Donald Rumsfeld (nacido en 1932).

Rápidamente aparece la idea de que, tras un choque semejante, los Estados Unidos tienen que reafirmar su papel de líderes del mundo libre defendiendo cueste lo que cueste los intereses y la seguridad del país, tanto en el interior como en el exterior de sus fronteras, y organizar acciones preventivas para protegerlos. Finalmente, George W. Bush, como todos los presidentes estadounidenses en periodos de crisis, aumenta su popularidad, que le confiere una legitimidad que se había cuestionado hasta ese momento.

EL PATRIOT ACT

George W. Bush, al ganarse la confianza de muchos, puede hacer de la guerra contra el terrorismo su máxima prioridad e imponer más fácilmente sus decisiones para que un proyecto de tal índole se lleve a cabo con éxito. Entre el miedo de que se produzcan nuevos ataques, el envío todavía sin aclarar de sobres llenos de ántrax y el fantasma del terrorismo que la administración Bush no deja de esgrimir, el Congreso está dispuesto a proporcionarle al presidente todos los medios que necesite. Así, el 25 de octubre de 2001, el Congreso vota a favor del USA Patriot Act, una ley que tiene el objetivo de combatir el terrorismo. El texto se promulga precipitadamente y a toda prisa, con tan solo los votos en contra de 66 *congressmen* y un senador.

George W. Bush firmando el Patriot Act.

El texto le permite a los poderes públicos espiar la vida privada de todo individuo sospechoso de estar vinculado con organizaciones amenazadoras vía escuchas telefónicas, vigilancia de cuentas bancarias o de correo electrónico, sin autorización judicial previa y sin avisar a las personas afectadas. De paso, burla el principio del *habeas corpus* para los extranjeros, según el que nadie puede ser encarcelado sin juicio, ya que las autoridades ahora tienen el derecho de detener durante un año a cualquier individuo considerado sospechoso. El respeto a la vida privada, que tanto cuidaban los Estados Unidos, ya no tiene validez ante los acontecimientos del 11-S.

En una línea de continuidad con esta persecución del terrorismo, la administración Bush crea tribunales militares que pueden juzgar y condenar a muerte, si es necesario, a los combatientes enemigos sin tener en cuenta la ley estadounidense. Aunque Condoleezza Rice y Colin Powell se encuentran entre los que se oponen a estas medidas, de nuevo los neoconservadores ganan la batalla. A esto se le añaden dos memorandos del Ministerio de Justicia en 2002 y en 2003 que autorizan la tortura en la prisión de Guantánamo. Sin embargo, las condiciones de vida de los detenidos, que son un misterio demasiado a menudo, y la práctica intensiva del *waterboarding* (tortura que consiste en simular el ahogamiento) rápidamente son objeto de duras críticas. Al mismo tiempo, la CIA multiplica los secuestros de sospechosos en todo el mundo.

AFGANISTÁN Y LA CAZA DE BIN LADEN

Justo después de la tragedia, se le confía al FBI una investigación llamada «Penttbom» (*Pentagon/Twin Towers Bombing Investigation*). Tres días después, los 7000 miembros de la agencia, ayudados por los servicios secretos de diferentes naciones, presentan los nombres de los 19 secuestradores aéreos presentes en los aviones: dos son originarios de los Emiratos Árabes Unidos, uno es libanés, otro es egipcio, los últimos son todos saudís. En vista del asesinato del comandante Masud, que tuvo lugar dos días antes del ataque, y del recuerdo del atentado del World Trade Center de 1993, las autoridades dirigen rápidamente su atención hacia Al Qaeda y su líder, Osama bin Laden, escondido en las montañas afganas.

El 14 de septiembre de 2001, los Estados Unidos señalan abiertamente al millonario saudí como responsable de los hechos, y se emplean todos los recursos disponibles para capturarle vivo o muerto. Sin embargo, habrá que esperar hasta el 13 de diciembre de 2001 para que este último reivindique en un vídeo los atentados del 11-S. El terrorismo siempre se había asimilado a individuos que actuaban de forma aislada, pero esta vez las cosas son distintas. Desde octubre de 2001, los Estados Unidos deciden extender su lucha antiterrorista y atacan directamente Afganistán, donde los talibanes que ostentan el poder rechazan entregarles a Osama bin Laden. Este conflicto, que todavía no se ha terminado, no permitirá atrapar al líder de Al Qaeda ni desmantelar la red, pero logrará suspender las acciones de los talibanes.

Barack Obama y su equipo siguen a distancia el ataque que llevan a cabo los SEAL.

Osama bin Laden morirá en Pakistán el 2 de mayo de 2011. Esta caza de 10 años se terminará en el complejo fortificado situado en las afueras de Abbottabad, donde reside. Un ataque llevado a cabo por veinte SEAL (la principal fuerza especial de la marina de guerra) permite abatir al líder de Al Qaeda. El cuerpo es identificado en una base estadounidense en Afganistán, y luego se lanza en alta mar.

LA TEORÍA DEL COMPLOT

Tras la conmoción, algunas voces enumeran rápidamente las imprecisiones de la versión oficial. Numerosas organizaciones, como *ReOpen 911* o el *9/11 Truth Movement*, afirman que se trató de un complot orquestado por el gobierno estadounidense o, por lo menos, que éste conocía los proyectos destructores de Al Qaeda. Todavía hoy es difícil discernir lo que es verdadero de lo falso entre la multitud de teorías que rodean al acontecimiento, pero algunos puntos merecen ser mencionados.

- La caída del WTC 7: la versión del National Institute of Standards and Technology (NIST) afirma que el WTC 7 se derrumbó a causa de un incendio y de la destrucción de siete columnas. Sin embargo, algunos investigadores independientes afirman que esto no es suficiente para que el edificio se hunda. Además, el inmueble cayó a una velocidad parecida a la de la caída libre, algo que hace que muchos observadores piensen que se trató de una demolición controlada.
- El hundimiento del WTC 1 y del WTC 2: algunos investigadores también respaldan la teoría de la demolición controlada para explicar la caída de las torres gemelas. Para corroborar esta versión, numerosos testigos hablan de ruidos de detonación antes del hundimiento y, entre los restos del World Trade Center, se encontraron residuos de termato (un producto que justamente se utiliza para las demoliciones controladas).
- El comportamiento del propietario del contrato de alquiler del World Trade Center, Larry Silverstein: el millonario estadounidense adquiere el contrato de alquiler por una duración de 99 años el 24 de julio de 2001. Además de no haber proporcionado beneficios nunca, el complejo inmobiliario fue construido con la ayuda de amianto, y eliminar este material extremadamente nocivo del complejo costaría una fortuna. Entonces, Larry Silverstein habría contratado un seguro. Tras los atentados del 11

de septiembre, exige sus derechos, y recibe una indemnización de 4,6 millones de dólares. Pero todavía hay algo más inquietante: el hombre de negocios normalmente organizaba reuniones en el restaurante de una de las torres del World Trade Center, pero la mañana de los atentados anula excepcionalmente su reunión argumentando que tiene que ir al médico, mientras que sus dos hijos, que también trabajan en el complejo, llegan tarde.

- El Pentágono: existen pocas imágenes del atentado contra el Pentágono. Por consiguiente, algunos investigadores emitieron la hipótesis de que, al intentar destruir el Boeing, el ejército estadounidense habría lanzado por error un mísil dentro del edificio y que no se trataría de un ataque terrorista.

- La desaparición del vuelo 93: existen muy pocos restos del avión en Shanksville que, sin embargo, pesaba 100 toneladas. La versión oficial cuenta que el Boeing acabó su trayecto en el fondo de un cráter que se cerró sobre sí mismo. Sin embargo, también en este caso, se utiliza la teoría del mísil para explicar la colisión. Se encontraron otros restos minúsculos a más de 13 kilómetros del punto de impacto.

- Las llamadas telefónicas emitidas por la tripulación: los límites del sistema telefónico celular en 2001 no permitían que los pasajeros hicieran llamadas a la velocidad y altura indicadas por el FBI. Además, hubo una línea que se mantuvo conectada durante 45 minutos tras la desintegración completa del avión.

- Los vídeos de los secuestradores aéreos: aunque los aeropuertos están llenos de cámaras de seguridad, no existe ninguna imagen de los terroristas subiendo a los aviones.

EN RESUMEN

1993
26 feb.: primer atentado contra
el World Trade Center

2001
11 sept.:
7:59 h: despegue del vuelo AA 11
8:14 h: despegue del vuelo UA 175
8:20 h: despegue del vuelo 77 AA
8:21 h: desconexión del transpondedor
del vuelo AA 11
8:42 h: despegue del vuelo 93
**8:46 h: el vuelo AA 11 se estrella contra la torre
norte del World Trade Center**
8:54 h: el vuelo 77 AA es secuestrado
9:03 h: el vuelo UA 175 se estrella contra la
segunda torre del World Trade Center
9:37 h: el vuelo 77 AA se estrella en el Pentágono
9:58 h: la torre sur se derrumba
10:03 h: el vuelo 93 se estrella en un campo
en Shanksville
10:28 h: la torre norte se derrumba

- El martes 11 de septiembre de 2001, se produce el secuestro de tres aviones de pasajeros. Dos de ellos se estrellan contra las Twin Towers, símbolos de la potencia estadounidense, mientras que el tercero alcanza el Pentágono, cuartel general del departamento de Defensa.

- Al mismo tiempo, un cuarto Boeing, también en manos de los terroristas, se estrella contra un campo en Shanksville, en Pensilvania.
- A las 9:58 h y las 10: 28 h, las torres gemelas se derrumban.
- Tras el atentado, el balance es trágico: se cuenta un total de 2976 víctimas, además de los 19 terroristas.
- La reivindicación del atentado no se producirá hasta el mes de diciembre, por parte de Al Qaeda y su líder Osama bin Laden.
- Desde entonces, los Estados Unidos ordenan a los talibanes que entreguen al terrorista que se esconde en su país. Sin embargo, estos últimos se niegan. Entonces, George Bush no tiene otra opción que entrar en guerra contra Afganistán.
- El Patriot Act, la gran ley antiterrorista de la administración Bush, es aprobado el 25 de octubre de 2001. La guerra contra el terrorismo, en el exterior y en el interior de las fronteras estadounidenses, es ahora la prioridad del gobierno.
- El 2 de mayo de 2011, un equipo de SEAL logra hallar a Osama bin Laden, al que acaban matando durante la misión.
- Hoy en día, el lugar donde se encontraban las dos torres, llamado «Ground Zero» (zona cero), se ha convertido en un lugar de recogimiento.

PARA IR MÁS ALLÁ

FUENTES BIBLIOGRÁFICAS

- *Architects & Engineers for 9/11 truth*, consultado el 28 de septiembre de 2014 http://www.ae911truth.org/
- Bacharan, Nicole y Dominique Simonnet. 2013. *11 septembre: le jour du chaos*. París: Pocket.
- Body-Gendrot, Sophie. 2002. *La société américaine après le 11 septembre*. París: Presses de Sciences-Po.
- Colectivo. 2004. *11 septembre: rapport de la commission d'enquête. Rapport final de la commission nationale sur les attaques terroristes contre les États-Unis*. Sainte Marguerite-sur-Mer: Éditions des Équateurs.
- Dasquier, Guillaume y Jean Guisnel. 2002. *L'effroyable mensonge. Thèses et foutaises sur les attentats du 11 septembre*. París: La Découverte.
- Frau-Meigs, Divina. 2005. *Qui a détourné le 11 septembre? Journalisme, information et démocratie aux États-Unis*. Bruselas: De Boeck.
- Laurent, Eric. 2005. *La face cachée du 11 septembre*. París: Pocket.
- Lits, Marc y Jean-François Tétu. 2004. *Du 11 septembre à la riposte. Les débuts d'une nouvelle guerre médiatique*. Bruselas: De Boeck.
- Melandri, Pierre. 2008. *Histoire des États-Unis. Le déclin?*, tomo 2. París: Perrin.
- Meyssan, Thierry. 2002. *L'effroyable imposture*. Chatou: Carnot.
- Military, Intelligence and Government Patriots Question. Consultado el 28 de septiembre de 2014.

http://patriotsquestion911.com/

- Ray Griffin, David. 2007. *11 septembre, la faillite des médias, une conspiration du silence*. Plogastel-Saint-Germain: Demi-lune.
- ReOpen911.info. Consultado el 28 de septiembre de 2014. http://www.reopen911.info/
  Sitio web con información sobre el 11-S.

FUENTES ICONOGRÁFICAS

- Las torres del World Trade Center azotadas por los atentados del 11-S. La foto reproducida está libre de derechos.
- Hundimiento de las dos torres. © Hans Joachim Dudeck.
- Ataque contra el Pentágono. © US Navy.
- Un bombero pide refuerzos mientras trabaja en los escombros del World Trade Center, cuatro días después del ataque. © US Navy.
- George W. Bush firmando el Patriot Act. © Eric Draper.
- Barack Obama y su equipo siguen a distancia el ataque que llevan a cabo los SEAL. © Pete Souza.

PELÍCULAS Y DOCUMENTALES

- *New York: 11 septembre*. Dirigido por James Hanlon, Jules Naudet y Gédéon Naudet. Francia y Estados Unidos: Goldfish Pictures y Silvestar Productions, 2002.
- *Fahrenheit 9/11*. Dirigida por Michael Moore, con Debbie Petriken, Donald Rumsfeld y Condoleeza Rice. Estados Unidos: Miramax Films, Dog Eat Dog Films y Mars Distribution, 2004.

- *11-S*. Dirigido por Richard Dale. Reino Unido: Dangerous Films, 2006.
- *World Trade Center*. Dirigida por Oliver Stone, con Nicolas Cage, Michael Peña y Maggie Gyllenhaal. Estados Unidos, 2006.
- *United 93*. Dirigida por Paul Greengrass, con Christian Clemenson, Trish Gates y David Van Basche. Francia, Reino Unido y Estados Unidos: Studio Canal, Sidney Kimmel Entertainment y Working Title Films, 2006.
- *11 septembre, le nouveau Pearl Harbor*. Dirigido por Massimo Mazzucco. Italia, 2013.

www.en50Minutos.es

ISBN ebook: 9782806278609

ISBN papel: 9782806281654

Depósito legal: D/2016/12603/221

Libro realizado por <u>Primento</u>*, el socio digital de los editores*